Observa el tiempo

por Nancy Roser

Contenido

Observa el tiempo 2
Glosario 11
Índice 12

Harcourt

Orlando Boston Dallas Chicago San Diego

www.harcourtschool.com

Puedo ver cómo está el tiempo,
el tiempo, el tiempo.
Puedo ver cómo está el tiempo
y ponerlo por escrito.

Algunos días nieva.
En otros sopla el viento.
Sí, veo cómo está el tiempo
y lo pongo por escrito.

Algunos días hace calor
y otros días no.
Sí, puedo ver cómo está el tiempo
y ponerlo por escrito.

Puedo usar una regla,
una regla, una regla.
Sí, puedo usar una regla
y ponerlo por escrito.

Puedo usar un pluviómetro,
pluviómetro, pluviómetro.
Sí, puedo usar un pluviómetro
y ponerlo por escrito.

Puedo usar una veleta,
 una veleta, una veleta.
Sí, puedo usar una veleta
 y ponerlo por escrito.

Oh, veo cómo está el tiempo,
 el tiempo, el tiempo.
Sí, veo cómo está el tiempo
 y lo pongo por escrito.

Glosario

Índice

pluviómetro, 5, 8
regla, 4, 7
termómetro, 4, 6
tiempo, 2, 4, 6, 10
veleta, 5, 9